dtv

W0067097

Vom ersten Flockenwirbel über Schneemänner und ihr Schicksal, Hindernisse und Freuden der weißen Pracht: all das ist in dieser illustrierten Anthologie zu finden. Was Dichter vom 19. Jahrhundert bis in die Gegenwart an den einzigartigen Kristallen fasziniert, ist hier auf oft vergnügliche Weise zu erfahren. Peter Härtling, Joachim Ringelnatz, Sarah Kirsch, Mascha Kaléko und viele andere berühmte Lyriker führen uns durch ihre winterliche Welt. Und auch wenn Erich Kästner mahnt, »dass man den Winter so sehr suchen muss«: Hier findet man ihn allemal.

Michael Frey, geb. 1959, lebt als freier Verlagslektor in Bonn und besitzt eine umfangreiche Lyrikbibliothek.
Andreas Wirthensohn, Dr. phil., geb. 1967, lebt als freier Lektor, Übersetzer und Literaturkritiker in München.

Rotraut Susanne Berner, eine der bekanntesten deutschen Illustratorinnen, wurde 2006 mit dem Deutschen Jugendliteraturpreis für ihr Gesamtwerk ausgezeichnet.

Vorbereitungen auf den Winter

Mein Zeh tut weh;
wir kriegen Schnee.
Bald wird es schnein
ich spür's im Bein.
Au wei – gleich schneit's,
ich spür's bereits!
O Zeh!
O Schnee!
O Weh!

F. W. Bernstein

Inhalt

Ausführliche Informationen über
unsere Autoren und Bücher
finden Sie auf unserer Website
www.dtv.de

Originalausgabe 2010
Deutscher Taschenbuch Verlag GmbH & Co. KG,
München
© 2010 Deutscher Taschenbuch Verlag, München
Umschlagkonzept: Balk & Brumshagen
Umschlagbild: Rotraut Susanne Berner
Gesetzt aus der Minion 10/13·
Gesamtherstellung: Druckerei C. H. Beck, Nördlingen
Gedruckt auf säurefreiem, chlorfrei gebleichtem Papier
Printed in Germany · ISBN 978-3-423-13926-7

Wieder alles weich und weiß

Gedichte vom Schnee

Herausgegeben von Michael Frey
und Andreas Wirthensohn

Mit Illustrationen
von Rotraut Susanne Berner

Deutscher Taschenbuch Verlag

I

Betrifft: Erster Schnee

Rainer Malkowski
1939–2003

Vor dem Schnee

Der Wintervogel,
zweisilbig klagend,
schwingt sich vom Baum.
Ich wünsche ihm Schnee.
So kommt er am schwärzesten
zur Geltung.
Aber es schneit nicht.
Über den noch offenen Weiher
fliegt er in ein altes
niederländisches Bild.

Mascha Kaléko
1907–1975

Betrifft: Erster Schnee

Eines Morgens leuchtet es ins Zimmer,
Und du merkst: 's ist wieder mal so weit.
Schnee und Barometer sind gefallen.
– Und nun kommt die liebe Halswehzeit.

Kalte Blumen blühn auf Fensterscheiben.
Fröstelnd seufzt der Morgenblatt-Poet:
›Winter läßt sich besser nicht beschreiben,
Als es schon im Lesebuche steht …‹

Blüten kann man noch mit Schnee vergleichen,
Doch den Schnee … Man wird zu leicht banal.
Denn im Sommer ist man manchmal glücklich,
Doch im Winter nur sentimental.

Und man muß an Grimmsche Märchen denken
Und an einen winterweißen Wald,
Und an eine Bergtour um Silvester.
– Und dabei an sein Tarifgehalt

Und man möchte wieder vierzehn Jahr sein:
Weihnachtsferien ... Mit dem Schlitten raus!
Und man müßte keinen Schnupfen haben,
Sondern irgendwo ein kleines Haus,

Und davor ein paar verschneite Tannen,
Ziemlich viele Stunden vor der Stadt,
Wo es kein Büro, kein Telefon gibt.
Wo man beinah keine Pflichten hat.

... Ein paar Tage lang soll nichts passieren!
Ein paar Stunden, da man nichts erfährt.
Denn was hat wohl einer zu verlieren,
Dem ja doch so gut wie nichts gehört.

Thomas Rosenlöcher
* 1947

Schneegesicht

Am schönsten ist der erste Schnee,
sprach ich und ging. Ich kannte eine Stelle,
wo sich der Weg, strauchüberwölbt, verengte.
Und wirklich war das schneeverflochtne Holz
das Zwitscherchaos eines ganzen Jahres,
und noch aus kleinsten Höhlungen
piepten mir Wesen voller Angst entgegen.
Ich ging hinein. Nun aus der Nähe sah ich
die Zweige anders. Ein Geflecht
in sich verhakter Dornenkronen,
jedoch das Aufwärtsspießende verschneit.
Und überm Dorn den Schneelasthimmel.
Ich wartete. Mir sicher, daß sich gleich
von oben her ein Schleier löse
und kleine Punkte immer größer würden
und in der Luft sich massenhaft vermehrten
bis Riesentupfer mein Gesicht befielen
und mich erlösten. Nichts geschah.
Nur daß schräg aus dem Astwerk eine Fahne
Schnee sich verbreiternd auf mich niederstäubte.
Und ich da stand. Bepudert Nase, Braue.

Die Augenlichter schwarz. Ein Schneegesicht,
das weiß bepappten Munds die Worte sprach:
Ach, daß gerade mich der Strauch erwählte.
Und endlich weinte, da in großen Fladen
schmutziger Schnee die Wangen abwärtsrann.

Adelbert von Chamisso
1781–1838

Der erste Schnee

Der leise schleichend euch umsponnen
Mit argem Trug, eh' ihr's gedacht,
Seht, seht den Unhold! über Nacht
Hat er sich andern Rat ersonnen.
Seht, seht den Schneenmantel wallen!
Das ist des Winters Herrscherkleid;
Die Larve läßt der Grimme fallen; –
Nun wißt ihr doch, woran ihr seid.

Er hat der Furcht euch überhoben,
Lebt auf zur Hoffnung und seid stark;
Schon zehrt der Lenz an seinem Mark.
Geduld! und mag der Wütrich toben
Geduld! schon ruft der Lenz die Sonne,
Bald weben sie ein Blumenkleid,
Die Erde träumet neue Wonne, –
Dann aber träum' ich neues Leid!

Gottfried Keller
1819–1890

Im Schnee

Wie naht das finster türmende
Gewölk so schwarz und schwer!
Wie jagt der Wind, der stürmende,
Das Schneegestöber her!

Verschwunden ist die blühende
Und grüne Weltgestalt;
Es eilt der Fuß, der fliehende,
Im Schneefeld naß und kalt.

Wohl dem, der nun zufrieden ist
Und innerlich sich kennt!
Dem warm ein Herz beschieden ist,
Das heimlich loht und brennt!

Wo, traulich sich dran schmiegend, es
Die wache Seele schürt,
Ein perlend, nie versiegendes
Gedankenbrauwerk rührt!

Theodor Fontane
1819–1898

Der erste Schnee

Herbstsonnenschein. Des Winters Näh
   Verrät ein Flockenpaar;
Es gleicht das erste Flöckchen Schnee
   Dem ersten weißen Haar.

Noch wird – wie wohl von lieber Hand
   Der erste Schnee dem Haupt –
So auch der erste Schnee dem Land
   Vom Sonnenstrahl geraubt.

Doch habet acht! mit einem Mal
   Ist Haupt und Erde weiß,
Und Liebeshand und Sonnenstrahl
   Sich nicht zu helfen weiß.

Georg Britting
1891–1964

Junger Schnee

Fällt der Schnee vom Baum,
Den der Wind geschüttelt,
Fällt der Schnee mir weißkalt ins Gesicht:
Wars ein Vogeltraum,
Fiel, vom Flügelschlag gerüttelt,
Diese Locke licht?

Läuft die Spur im Schnee –
Wo birgt sich das Reh,
Das hier eben noch den Atem stieß?
Atemwolke, blaß,
Zart und bläulich naß,
Schwebt sanft schimmernd noch über der Wies,
Wie eine Seifenblas,
Die der junge Schneegott schnaubend blies.

Langen Eichen zum
Himmel, greifen Weiden krumm,
Zur Baches Mitt.
Bienenschwärme, stumm,
Hummeln, ohn Gebrumm,
Umsilbern plötzlich aufgestöbert meinen Schritt.

Christoph Wilhelm Aigner
* 1954

Schneewunsch

Schnee über Nacht. Schnee
aufgestrichen auf
das angefrorne Land

Und Schnee aus der wie Finger
greifenden Atmosfäre

Schnee soll alle Spuren
füllen. Unergründbar
geht die Zuneigung auf Pfoten

Leopold Friedrich Günther von Göckingk
1748–1828

Als der erste Schnee fiel

Gleich einem König, der in seine Staaten
zurück als Sieger kehrt, empfängt ein Jubel dich!
Der Knabe balgt um deine Flocken sich,
wie bei der Krönung um Dukaten.

Selbst mir, obschon ein Mädchen und der Rute
lang nicht mehr untertan, bist du ein lieber Gast;
denn siehst du nicht, seit du die Erde hast
so weich belegt, wie ich mich spute?

Zu fahren, ohne Segel, ohne Räder,
auf einer Muschel hin durch deinen weißen Flor,
so sanft und doch so leicht, so schnell wie vor
dem Westwind eine Flaumenfeder.

Aus allen Fenstern und aus allen Türen
sieht mir der bleiche Neid aus hohlen Augen nach;
selbst die Matrone wird ein leises Ach
und einen Wunsch um mich verlieren.

Denn der, um den wir Mädchen oft uns stritten,
wird hinter mir, so schlank wie eine Tanne, stehn
und sonst auf nichts mit seinen Augen sehn
als auf das Mädchen in dem Schlitten.

Norbert Hummelt
* 1962

der erste schnee

du sagst du wußtest schon wie du zum fenster
gingst es ist die amsel die uns da beäugt
so tief wie du in meinen armen liegst hielt sie

sich fliegend an sich selber fest jetzt sitzt sie
stumm wo in der dunkeln gabelung noch eine
spur von etwas weißem blieb das ist bestimmt

erst über nacht gekommen u. stäubt herab
wenn sie den zweig verläßt du sagst im schlaf
hast du den ersten schnee gerochen doch

was uns trennte ist noch nicht besprochen
sind denn die vogelbeeren noch nicht bald
erfroren ich sah sie leuchten eben im geäst

F. W. Bernstein
* 1938

Der erste Schnee

Vorgestern fiel der erste Schnee
von Wolke auf die Straße,
und wen er traf, dem tat's kaum weh,
besonders auf der Nase.

Der Schnee, der hat ja kaum Gewicht,
fällt ein Pfund auf die Waage,
das siehst Du kaum, das hörst Du nicht,
wenn ich es Dir nicht sage.

Und nun zur Fallgeschwindigkeit:
im halben Jahr drei Meter.
Und das bei schnellem Schnee, soweit
er fällt; doch manchmal steht er.

Der allerallererste Schnee
fiel PFLATSCH vor siebzehn Jahren
wohl in den Bi-Ba-Bodensee,
darauf die Nebel fahren.

Der letzte Schnee – was für ein Stuß –
's wird Zeit, jetzt aufzuhören,
weil Sie, ich könnte schwören,
sonst die Geduld verlören.
Sie würden sich empören!
Zum Schluß noch einen schönen Gruß!
Ich will nicht länger stören.

II

Schnee fiel

Erika Burkart
1922–2010

Flocke um Flocke

EINE
Flocke,
hexagonal,
der sechste Sinn freut sich
am Signum eines Gesetzes,
das über unser Auge Bescheid weiß:
wir lieben es, einen Stern zu sehn.

Fünf Sterne. Elf.
Siebzehn mit ihrer Zahl
identische Flocken.

Mit geschlossenen Augen
zählen wir weiter.
Flimmerpunkte, pulsierendes Dunkel,
bis uns die Un-Zahl hinabschlingt.

Flocke zu Flocke auf Flocke.
Unterm Schnee dieser Nacht
der Schnee der Kindheit.
Im Schlaf gräbst du dich durch.

Wirklichkeit Schnee,
wenn du erwachst.
Abstrakte Fülle. Du tauchst.

Durch weiße Wimpern siehst du
die Wasserzeichen
in deinen Jahren.

Franz Werfel
1890–1945

Der Schneefall

Oh langsames Fallen des Schnees,
Unendliches schleierndes Treiben!
Wär doch mein Auge geistesgestählt,
Ihm könnte verborgen nicht bleiben,
Dass jede Flocke des weissen Gewehs
Gewusst ist, gewogen, gezählt.

Oh Flocken, die tanzend sich drehn,
Ihr klein beseelten Persönlichkeiten,
Vertragen von Schwere, Leichte und Wind,
In eurem Kommen und Gehn
Seh ich die Schicksale niedergleiten,
Die ihr beginnt, vollendet, beginnt …

Die eine fällt wollig und weich,
Die andre voll Trotz und kristallen,
Die dritte von Widerständen geballt.
Doch löst sich morgen das bleiche Reich,
So stirbt nicht eine von allen,
Und die reinsten tauen zur Tropfengestalt.

Oh langsamer Schneefall der Welt,
Der Geschlechter dicht schleierndes Treiben!
Es stirbt und schwindet kein einziges Los.
Wir schmelzen, aber wir bleiben,
Wenn uns Tropfen der Tod, als Tauwind bestellt,
Heimsucht und heimsammelt zum Schoss.

Franz Josef Herrmann
* 1955

Elegie an den Schnee

Oh Schnee wie du fällst. So von oben nach unten.
Das macht mich an.
Schnee du fällst
wenn man dich nicht erwartet
du fällst Schnee in Form kleiner weißer Flocken
du fällst ein wie Zuckerguß
ein auf's Wellblech der Städte
und flimmerst weiter nach Sendeschluß. Du fällst
Schnee auch nachmittags
auf die Trauergäste die
am Grab des Verblichenen stehen
und weinend sich einen abfrieren
in ihren engen spitzzulaufenden Lackschuhen. Und
dein geflocktes Weiß Schnee
auf ihren Anzügen den dunklen
das macht die Szene
noch eine Nuance makabrer.
Schnee du fällst oft
wenn es kalt ist. Was kannst du dafür. Du fällst
wenn die Erde hart/tief gefroren
und für die Schaufel schwer ist.

Schnee du bist nicht so harmlos
wie du vielleicht denkst.
                    Du fällst herab
                        lautlos ohne anzuklopfen
und wir hinter Schreib- und Küchentische geklemmt
bemerken nicht daß unsere Füße eingeschneit sind
                        die Hauspantoffeln
schon feucht zu grabeln beginnen
und Eiskristalle sich bilden
auf den Typen der Schreibmaschinen.
                    Schnee als ich klein war
                    hatten meine Eltern verboten
                        dich zu essen.
Doch du warst so erregend
wie nichts zuvor du warst
so prickelnd
                wie mein erster Zungenkuß
                    viele Jahre später.
                    Du seiest vergiftet Schnee
                        behaupteten sie
                            verseucht

von den Atompilzen
die Amerika und Rußland
in den Himmel schleuderten.

Sag Schnee stimmt das
oder war das auch nur so ein Märchen
wie sie die Erwachsenen gerne erzählen
du weißt schon von wegen
Ahornbäume würden herauswachsen
aus den Ohren den ungewaschenen.

Schnee du bist schön
wenn ich übers Land fahre
wenn ich die Felder die Wege sehe
die zugeweht daliegen. Du wirst gelb
und fängst zu dampfen an wenn ich
aussteige und pinkle.

Doch das stört dich nicht Schnee
du fällst weiter du wehrst dich
du fällst her
über die Pisse den Dreck
den wir angesammelt haben
den ganzen langen Sommer über.

Peter Huchel
1903–1981

Schnee

Dem Gedächtnis
Hans Henny Jahnns

Der Schnee treibt,
das große Schleppnetz des Himmels,
es wird die Toten nicht fangen.

Der Schnee wechselt
sein Lager.
Er stäubt von Ast zu Ast.

Die blauen Schatten
der Füchse lauern
im Hinterhalt. Sie wittern

die weiße
Kehle der Einsamkeit.

Ernst Meister
1911–1979

Winterlich IV

Schnee fällt.
Die vielen Wimpern
währender Augen oben,
die weißen Wimpern,
die sich lösen, fallen.

Das Jung und Alte,
schlafend Wache,
Reine, – ach,
das unerbittlich
Winterliche,
den Leib betauend …

Der Kinder Münder
fangen Flocken sich.

Cyrus Atabay
1929–1996

Wintermärchen

Es war ein Winterabend, wir sahen
den zögernden Flocken zu,
die Umschau hielten
nach einem Fleckchen Erde.

Tänzelnd suchten sie der Endgültigkeit
ein paar freie Bewegungen
des luftigen Daseins
abzuschwindeln.

Unstete Flocken, wer hätte euch zugemutet,
daß ihr euch so artig zusammentun würdet
zu einer funkelnden Decke,
die sich am nächsten Morgen
schlichtend auf alles legt?

Wir wollen euch dauernd lieb haben,
euer lautloses Seelenheil,
deshalb dürfen wir nie ganz wissen,
was ihr seid.

Friedrich Rückert
1788–1866

Gestern hats geschneiet

Gestern hats geschneiet,
Heute hats geregnet;
Oder hats geregnet
Gestern, heut geschneiet?

Gestern hats geschneiet
Nachts, und Tags geregnet;
Heute hats geregnet
Nachts, und Tags geschneiet.

Wird es morgen schneien,
Oder wird es regnen?
Oder wird es regnen
Morgen auch und schneien?

Wird es morgen schneien
Nachts, und Tages regnen?
Oder wird es regnen
Nachts, und Tages schneien?

Ob es regnend schneie,
Oder schneiend regne:
Daß es Gott gesegne,
Und es uns gedeihe!

Gregor Laschen
* 1941

Wintergedicht

Die Schneewehen, gesprenkelt vom
vorbeirasenden Grau nehmen
schließlich
mit geduldiger Hand
den Zug von den Schienen, das schöne
Blech an die Brust: die Hauptwörter
der Zivilisation
fallen ins Stottern, kein Reim
geht mehr ins Land. Die Flocke, die
du herabkommen siehst, leicht
tanzend, sieht schwarz
aus
von unten.

Ursula Krechel
* 1947

Schnee fiel

Ohne Körper der Tag, an dem Schnee fiel
Schnee fiel in steinere Gärten

fiel auch in der Nacht, die Tag ist
in einem anderen Land

in Deutschland froren sie, fror ich
kaum einer weiß wie

Schnee wärmte den Stein, das Neonlicht
kühlte aus, keine Nachricht von niemand

kopfloses Staunen hinter dem Fenster
niemand hat ihn aufgefangen

er ist in keinen Arm gefallen
lag auf der Feuerleiter so bleich.

Peter Gan
1894–1974

Preislied auf das Schneien

I

Könnt' ich schneien,
bliebe stumm;
aber muß verzichten.
Kann nicht schneien,
muß darum
übers Schneien dichten.

II

Nicht den Schnee – das Schneien will ich singen.
Schneien: reine Tätigkeit der Ruh.
Deinem friedlich flüsternden Vollbringen
sieht ein einsames Erinnern zu.

Eingehüllt in lauter leise Nähe
ist die wehe Weite nicht mehr weit.
Blindes Fenster spricht: mir ist, ich sehe
nichts, mich selber, alles, und vergehe
schneiend, schneegeworden, schneeverschneit.

III

Stille: helle Mitternacht des Ohres,
sichtbar niederflockend auf die Welt!
Lobgesang des stummen Wirbelchores!
Jede deiner weißen Noten fällt
windgewiegten Schlafes niederschwebend
willig in ihr weiches Wintergrab;
jede legt vergessend und vergebend,
im Verschwinden vorm Verschwinden bebend,
federfromm ihr leichtes Leben ab.

Walter Helmut Fritz
* 1929

Ein Morgen, an dem frischer Schnee fällt

Die Straßenbahnen
sind sehr gelb
und fahren
leiser
als gewöhnlich.

Der Zeitungsstand
blüht
in der Dämmerung.
Viele Menschen
sind unterwegs,
die denken,
das Dasein ist schön.

Wie weich
die Umrisse
der Autos sind.

Der spröde Duft.
Man sollte jetzt
weit gehen können,
denn man geht
über der Erde.

Man sieht
nur eine Ruflänge weit.
Aber seltsam,
daß sich die Jahre
zwischen den Alleebäumen
öffnen.

Die Laternen
brennen
wie hinter der Welt.
Die Radfahrer
haben Mühe,
vorwärtszukommen:

Ein Morgen,
an dem frischer Schnee
fällt.

Berthold Viertel
1885–1953

Schnee

Daß ich nicht mehr jung bin,
Wo heut doch frischer Schnee fällt!
Mich freut der Schnee nicht mehr.

Wieder alles weich und weiß,
Macht mir nicht kalt, macht mir nicht heiß.
Ja, die Flocken, Flocken stieben,
Ich kann sie aber nicht mehr lieben.

Der mich nicht mehr freut,
Unverhoffter Schneefall,
Trifft mich jung nie mehr!

Theodor Däubler
1876–1934

Schnee

Nun setzt der Schnee sich leicht wie Silberbienen
Sehr stumm auf jedes weggewelkte Blatt.
Da ist auf einmal auch der Mond erschienen,
Er überflügelt die gestirnte Stadt.

Den ersten Schnee erblicken Kinderaugen,
Dann schlafen bald die Kleinen strahlend ein.
Die Jüngsten träumen schon beim lieben Saugen,
Und was sie anweht, lächelt sanft und rein.

Von zarten Mullbehängen hoher Betten
Entflockt und lockert sich nun oft ein Stern,
Dann andre Sterne, die sich hold verketten,
Von solchen Dingern träumt das Kindlein gern.

Ein altes Weib voll Harm und weißen Haaren
Sitzt noch beim Rocken sorgenvoll und spinnt.
Es spinnt sich blind, kann nichts gewahren:
Der Mond ist fort. Obs nun zu schnein beginnt?

Vor grellen Fenstern und Laternen schwirrt es,
Die Silbermücken finden keine Rast.
Nun tönt Geklirr, die Stimme eines Wirtes.
Der erste Schlitten bringt den letzten Gast.

Das wirbelt, schwirbelt finster immer weiter,
Und kühler Schlaf besänftigt das Gemüt.
Auf einmal blicken trübe Träumer heiter,
Ein Schwerentschlummern hat sich ausgemüht.

Der Mond wird nimmer durch die Schleier blicken,
Die Silberblüten sinken viel zu dicht.
Ein Fieberschwacher weiß nicht einzunicken:
Es schneit auf seinen Leib und das Gesicht.

Der Schnee, der Schnee, es fallen kalte Spinnen
Auf eines Alten Bart und Lockenhaar,
Nun schneien selbst des Krankenbettes Linnen,
Den Fiebernden bedeckt sein Eistalar.

Die tiefste Milde legt sich in die Falten
Des Antlitzes: nun ist der Greis erstarrt:
Auch Träume Traumermüdeter erkalten.
Nun friert es gar. Der Schnee wird langsam hart.

Karl Krolow
1915–1999

Einschneien

Weiter und tiefer.

Unsere weißen Schritte
schlafen ein.

Ein langsamer Vorhang
sinkt.

Der Puls schlägt lautlos
am Handgelenk.

Die Kälte steht am Mund.

Sieh dich nicht um –
niemand soll den Schnee
auf unseren Augen
finden.

III

Im Schnee

Ernst Stadler
1883–1914

Gang im Schnee

Nun rieseln weiße Flocken unsre Schritte ein.
Der Weidenstrich läßt fröstelnd letzte Farben sinken,
Das Dunkel steigt vom Fluß, um den versprengte Lichter
                              blinken,
Mit Schnee und bleicher Stille weht die Nacht herein.

Nun ist in samtnen Teppichen das Land verhüllt,
Und unsre Worte tasten auf und schwanken nieder
Wie junge Vögel mit verängstetem Gefieder –
Die Ebene ist grenzenlos mit Dämmerung gefüllt.

Um graue Wolkenbündel blüht ein schwacher Schein,
Er leuchtet unserm Pfad in nachtverhängte Weite,
Dein Schritt ist wie ein fremder Traum an
                              meiner Seite –
Nun rieseln weiße Flocken unsre Sehnsucht ein.

Johann Gaudenz von Salis-Seewis
1762–1834

Winterlied

Das Feld ist weiß, so blank und rein,
Vergoldet von der Sonne Schein,
Die blaue Luft ist stille;
Hell wie Kristall
Blinkt überall
Der Fluren Silberhülle.

Der Lichtstrahl spaltet sich im Eis,
Er flimmert blau und rot und weiß
Und wechselt seine Farbe.
Aus Schnee heraus
Ragt nackt und kraus
Des Dorngebüsches Garbe.

Von Reifenduft befiedert sind
Die Zweige rings, die sanfte Wind'
Im Sonnenstrahl bewegen.
Dort stäubt vom Baum
Der Flocken Flaum
Wie leichter Blütenregen.

Tief sinkt der braune Tannenast
Und drohet mit des Schnees Last
Den Wandrer zu beschütten;
Vom Frost der Nacht
Gehärtet, kracht
Der Weg von seinen Tritten.

Das Bächlein schleicht, von Eis geengt;
Voll lauter blauer Zacken hängt
Das Dach; es stockt die Quelle;
Im Sturze harrt,
Zu Glas erstarrt,
Des Wasserfalles Welle.

Die blaue Meise piepet laut;
Der muntre Sperling pickt vertraut
Die Körner vor der Scheune.
Der Zeisig hüpft
Vergnügt und schlüpft
Durch blätterlose Haine.

Wohlan! auf festgediegner Bahn
Klimm ich den Hügel schnell hinan
Und blicke froh ins Weite
Und preise den,
Der rings so schön
Die Silberflocken streute.

Stefan George
1868–1933

Waller im Schnee

Die steine die in meiner strasse staken
Verschwanden alle in dem weichen schooss
Der in der ferne bis zum himmel schwillt·
Die flocken weben noch am bleichen laken
Und treibt an meine wimper sie ein stoss
So zittert sie wie wenn die träne quillt …

Zu sternen schau ich führerlos hinan·
Sie lassen mich mit grauser nacht allein.
Ich möchte langsam auf dem weissen plan
Mir selber unbewusst gebettet sein.

Doch wenn die wirbel mich zum abgrund trügen·
Ihr todeswinde mich gelinde träft:
Ich suchte noch einmal nach tor und dach.
Wie leicht dass hinter jenen höhenzügen
Verborgen eine junge hoffnung schläft!
Beim ersten lauen hauche wird sie wach.

Karl Alfred Wolken
* 1929

Wintersachen

Der Schnee ist eine erlogene Reinlichkeit.
Goethe

Die Kinder toben im Schneegebirge,
da und dort hört man sie singen.

Wir behaglich Bettlägerigen
sind beschäftigt mit anderen Dingen,
abwegigeren –
warum dem Dombeck wirklich gekonnt
nur die Schneelandschaften gelingen.

Die Jahre an der Eismeerfront,
die Winterkämpfe am Ilmensee?

Vor lauter Schnee
entdeckt man in ihnen
die leisen, verlausten Gefallenen nicht.

Malt nun, wer Honig malt, Bienen
oder, wer Schatten malt, Licht?

Theodor Kramer
1897–1958

Liebe im Schnee

Es gibt eine Liebe für Wein und Musik
und eine für Flieder und Klee;
doch unsere Liebe war sie stiller, sie war
– zu Ende ging damals grad schweigsam das Jahr –
geschaffen, mein Schatz, für den Schnee.

Wir fuhren am Sonntag schon zeitig hinaus
und schritten durchs einsame Land
– rings lagen die kahlen Gehölze verschneit –
und schritten so Stunden, bis mittags zur Zeit
am Weg eine Scheune sich fand.

Wir lösten die Planken und zwängten uns durch
und gruben ins Heu tief uns ein;
bald waren die Brote belegt und verzehrt,
die Flasche voll Tee mit Zitrone geleert,
und blau wuchs im Guckloch der Schein.

Vom Dorn auf dem Rain fiel ein Blatt in den Schnee,
ein Halm hob sich fahl aus dem Feld;
sonst lagen erstorben Gelände und Hang
verschneit, und es klopfte das Herz uns so bang,
als wären nur wir auf der Welt.

Paul Celan
1920–1970

Schneebett

Augen, weltblind, im Sterbegeklüft: Ich komm,
Hartwuchs im Herzen.
Ich komm.

Mondspiegel Steilwand. Hinab.
(Atemgeflecktes Geleucht. Strichweise Blut.
Wölkende Seele, noch einmal gestaltnah.
Zehnfingerschatten – verklammert.)

Augen weltblind,
Augen im Sterbegeklüft,
Augen Augen:

Das Schneebett unter uns beiden, das Schneebett.
Kristall um Kristall,
zeittief gegittert, wir fallen,
wir fallen und liegen und fallen.

Und fallen:
Wir waren. Wir sind.
Wir sind ein Fleisch mit der Nacht.
In den Gängen, den Gängen.

Klabund ·
1890–1928

Winterlandschaft

Das Hügelland wogt wie ein weißes Meer im Schnee,
Vom Himmel nieder wuchten violette
Schneewolken, eine dichtverschlungne Kette,
Die in der Luft an roten Öfen hängt –
Die Sonne brannte sie –
Am Horizonte aber wölbt sich aus der weißen Flur
                              ein Berg,
Mit Tann bestanden, schwarz gekappt,
Ein ungeheurer Igel, der den Schneefall
Von seinen Borsten schläfrig schüttelte.

Wolfgang Bächler
1925–2007

Ins Weiße blickend

Schnee hat auf Katzenpfoten
den Garten zurückerobert,
die Dächer und Bäume besetzt.
Erfroren starren
die Knospen dich an,
schwarze Pupillen
im Weiß der Zweige.

Albin Zollinger
1895–1941

Bergwald im Schnee

Der ferne Bergwald im Schnee
Ist ein Heer aus weißen Monturen,
Tünche und Silbernes seh
Ich von Sätteln erglühter Panduren.

Blitzender Helm in der Hand
Und die rötlichen Schöpfe, dampfend,
Schwelen noch herbstlichen Brand;
Rauschende Wanderung, stampfend

Abendhänge entlang,
Stürmt die verklärten Pässe
Unhörbar im Gesang
Bärtig orgelnder Bässe.

Brennen sie Feuer, und Rauch
Glost um sonntägliches Lager?
Schimmel mit firnenem Bauch
Stehen gewaltig und hager.

Greise Generale gehn
Durch Messingschein von Trompeten,
Fließende Fahnen wehn.
Aber die Mönche beten,

Schneeige Herde im Licht
Geisternder Vatikane.
Arktischer Angriff bricht
Splitternd in Mondozeane.

Erich Kästner
1899–1974

Wintersport

Wohin man sieht, sieht man Hotels.
Und ringsherum liegt Schnee.
Die Tannen tragen weißen Pelz,
die Damen Seal und Feh.

Die Leute fahren Bob und Ski
am Hange hinterm Haus.
Ja, und von weitem sehen sie
wie Sommersprossen aus.

Das Publikum ist möglichst laut.
Was tut das der Natur?
sie wurde nicht für es gebaut.
und schweigt. Und lächelt nur.

Im Kreise ihres Damenflors
sind alle Mann im Schnee:
Direktors, Doktors und Majors.
und Blubbers-Übersee.
Of course!

Wohin man sieht, sieht man Hotels.
Für Schnee ist kaum noch Platz.
Die Luft ist dick von Ouis und Well's
Und Five o' clocks mit Jazz.

Die Berge und der Wasserfall
verlieren jeden Sinn.
Am Donnerstag ist Lumpenball.
Da passen manche hin!

Sie können nie bescheiden sein
und finden alles nett.
Und glauben, die Natur sei ein
Komfort wie das Klosett.

Lawinen sausen dann und wann
und werden sehr gerügt.
Was gehn den Schnee die Leute an?
Er fällt. Und das genügt.

Sarah Kirsch
* 1935

Schneeröschen

Schneehecke türmt sich wächst stündlich
Keiner kommt durch ich befinde mich abgeschnitten
Weg sind die Wege kein Mensch
Schlägt sich durch nur du kannst mich retten

Und ruhst doch
Seitlich auf einen Ellbogen gelehnt
Nah deinem Herde du trauertest schon
Heimlich um mich die noch zu retten
Wäre die Haltung die eingeübte
Schöne Linie das Wohlbehagen
Müßten rasch aufgegeben werden
Ein Spurt durch den Winter und Leben einblasen

– Ist eine Trübsal ich weiß das und rechne
Nicht mehr damit ich schüttle den Schnee auf
Mach eine Höhle fürs Radio leg lang mich
Ein Pedalcembalo
Arbeitet für mich ich seh noch
Den Knopf der Antenne da schließts mir die Augen

Ich fluche
Nicht ob deiner Langmut mir ist sie bekannt
Morgen

Kommst du und schaufelst den Schnee
Tränen im Auge und findest mich nicht
Und schlägst aus dem Eis
Ein Abbild kaufst gläserne Blumen
Mir auf den Sockel den künstlichsten Nachruf
Verfaßt du in einer Nacht der macht dich berühmt
Unter den Eisdichtern des Landes.

Joachim Ringelnatz
1883–1934

Schnee

Zwischen den Bahngeleisen
Verträmt sich morgenroter Schnee. – –
Artisten müssen reisen
Ins Gebirge und an die See,
Nach Leipzig – und immer wieder fort, fort.
Nicht aus Vergnügen und nicht zum Sport.
Manchmal tut's weh.

Der ich zu Hause bei meiner Frau
So gern noch wochenlang bliebe;
Mir schreibt eine schöne Dame:
»Komm zu uns nach Oberammergau.
Bei uns ist Christus und Liebe,
Und unser Schnee leuchtet himmelblau.« –
Aber Plakate und Zeitungsreklame
Befehlen mich leider nicht dort-,
Sondern anderwohin. Fort, fort.

Der Schnee ist schwarz und traurig
In der Stadt.
Wer da keine Unterkunft hat,
Den bedaure ich.

Der Schnee ist weiß, wo nicht Menschen sind.
Der Schnee ist weiß für jedes Kind.
Und im Frühling, wenn die Schneeglöckchen blühn,
Wird der Schnee wieder grün.

Beschnuppert im grauen Schnee ein Wauwau
Das Gelbe,
Reißt eine strenge Leine ihn fort. –
Mit mir in Oberhimmelblau
Wär's ungefähr dasselbe.

Günter Bruno Fuchs
1928–1977

Schnee und Trinker

Der Trinker trifft den Schnee.
Der Schnee sagt: Ich bin der Schnee,
die weiße Fahne gehört zu mir, ich bin
der Parlamentär, ich geh
auf Zehenspitzen
durchs Niemandsland.

Der Trinker sagt: Ich bin der Trinker,
meine Fahne gehört zu mir, der Winter
ist mir nicht fremd, ich fall
morgen ins Niemandsland.

Gut, sagt der Schnee, gehn wir gemeinsam.
Ja, sagt der Trinker, wir gehen.

Thomas Rosenlöcher
* 1947

Schneebier

Der Ausschank war geöffnet in das Dunkel
und leuchtete warm in den tiefen
von ferner Kindheit überglänzten Schnee.
Da ich mein Bier vom Brett nahm. Unten ging
riesig die Elbe, endlich als ein Strom
in Richtung Nacht. Und weit hinaus das Eis,
fast bis zur Mitte, wo, da sonst der Weg hinführte,
bei einer Bank vom Winter überwältigt
und einer Schar von schwarzen Stangen
an der Anlegestelle regungslos
die Fähre lag mit ausgelöschten Lichtern.
Eisschollen knirschten lautlos aneinander.
Gurgelnde Schwärze löschte alles Weiß,
und doch ganz draußen noch unwirklich wahr
ein Winterschwan einwärtsgebognen Halses,
Kein Motor wagte sich durch diese Stille.
Indes in mich eiskalte Biere rannen
und ringsher um die Lampe Schneegeriesel
aus meinem Mund ans Holz des Ausschanks glitzernd
vorstöberte. Ich trank und trank und trank.

IV

Die Kündigung des Schneemanns

Robert Reinick
1805–1852

Der Schneemann

Steh, Schneemann, steh! –
Und bist du auch aus Schnee,
So bist du doch ein ganzer Mann,
Hast Kopf und Leib und Arme dran
Und hast ein Kleid, so weiß und rein,
Kein Seidenzeug kann weißer sein:
Du stehst so stolz und fest und breit,
Als wär' es für die Ewigkeit. –

Steh, Schneemann, steh! –
Wenn ich dich recht beseh':
So fehlt dir nichts auf weiter Welt.
Du hungerst nicht, sorgst nicht um Geld.
Ich glaub auch, daß dich gar nichts rührt,
Und wenn es Stein und Beine friert;
Der Frost, der andre klappern läßt,
Der macht dich erst recht hart und fest. –

Steh, Schneemann, steh! –
Die Sonne kommt, juchhe!
Jetzt wirst du erst recht lustig sein! – –
Was ist denn das? Was fällt dir ein?
Du leckst und triefst ohn' Unterlaß,
O Schneemann, Schneemann, was ist das?
Das schöne warme Sonnenlicht,
Der Menschen Lust, erträgst du nicht?

Weh, Schneemann, weh!
Du bist doch nichts als Schnee!
Dein Kopf war dick, doch nichts darin,
Dein Leib war groß, kein Herz darin
Und das, was andre fröhlich macht,
Hat dir, du Wicht, nur Leid gebracht.
Ich glaub', ich glaub', manch Menschenkind
    Ist grade so wie du gesinnt:
      Schnee, nichts als Schnee!

Manfred Hausin
* 1951

Die Kündigung des Schneemanns

So kann es nicht weitergehen
Schon läuft das Wasser
In Rinnsalen unter der Tür hervor
Meine Frau scheuert
Und wischt den ganzen Tag
Zieglers die unter uns wohnen
Haben mich in meinem Entschluß bestärkt
An ihrer Wohnzimmerdecke
Werden Flecken sichtbar
Wenn ich an seiner Tür vorbeigehe
Höre ich ab und zu einen dumpfen Fall
Kohle nach Kohle fällt zu Boden
Hoffentlich nimmt er den Topf
Nachts von seinem Kopf
Wir alle brauchen unseren Schlaf
Nichts kann mich umstimmen
Zum Frühlingsanfang werde ich ihm kündigen

Albert von Schirnding
* 1935

Schneemanngedichte

Im Sommer
ist mein Schneemann
unsichtbar

Es wird Zeit
an meinen Schneemann zu denken
Wo
steckst du bloß

Da bist du ja wieder
Die Sommernacht
wollte nicht enden
Aber heut morgen
ist mir
die Schneesonne
aufgegangen

Mein Schneemann
liegt schon in der Luft
schwebt noch
in höheren Regionen

komm endlich runter
laß dich
auf die Beine stellen
kenn dich wieder

Ich sammle
sammle den Schnee
Es reicht nicht ganz
für einen Schneemann

Mein Schneemann
freut sich
über die Kälte im Land
Seine Unverfrorenheit
macht mich frieren

Der Schneemann
ist mein Kandidat
Ich wähle ihn
zum Schneekönig

Mein Schneemann
verbittet sich
Zärtlichkeiten
Jedesmal ein winziger
Substanzverlust
Umarmungen
sind tödlich

In ihn einzudringen
ist sinnlos
Er weiß von nichts kennt
keine Geheimnisse
Mein Schneemann trägt
sich selbst zur Schau

Dem Schneebericht
vom heutigen Tage
entnehme ich:
Alle Schneemänner
werden standrechtlich
geköpft

Der Schmelzprozeß
dauere
schon zu lange
Mein Schneemann
nimmt die Nachricht
mit stoischer Gelassenheit hin

Über Nacht
ist die Wiese
grün geworden
Mein Schneemann
ist nur noch
halb so groß
Ungern hört er
das Gras wachsen
Halt dich tapfer
Genosse

Unter verschärften
Selektionsbedingungen
habe ich mich
erklärt mein Schneemann
endgültig entschlossen
schwarz zu werden

Sagt der alte zum jungen
Schmilz nur so weiter
Du wirst
schon sehen wohin
das führt

Mein Schneemann
mag keinen Schnee
Schneefall sagt er
ist ein Fall für sich
Diese lautlosen
Katastrophen

Mein Schneemann
geht ein
in den Schnee

Auf dem Scheiterhaufen
fällt mir
mein Schneemann ein
Es gilt
einen kühlen
Kopf zu bewahren

Meinem Schneemann
ins Ohr gesagt
Der Boden
wird heiß
Gehen wir

Was kommt zum Vorschein
wenn der Schnee schmilzt
Die Wahrheit
Die Wahrheit
Nichts als die Wahrheit
Die Wahrheit als nichts
Die Wahrheit
Nichts
kommt zum Vorschein
wenn der Schnee schmilzt

Michael Groißmeier
* 1935

Mit Schneemannsaugen

Morgensonne schmilzt
Den Schnee der Sterne
Von den Apfelbaumzweigen.

Die Wolkenschafe
Treibt Herbstwind vorbei –
Schneeflockenwolle schwebt weiß.

Über den Schneehügel hin
Rollend die Wolke –
Wie sie zur Schneekugel schwillt!

Fußstapfen im Schnee,
Und ein Schattenrest darin –
Dessen, der hier ging?

Ich trete in Fußstapfen,
In die es geschneit hat,
Und in die es weiter schneit.

Fußstapfen im Schnee –
Knietief heute, knöcheltief
Morgen, dann nichts mehr.

Über ein Schneefeld gehen –
Über ein Kirschblütenblatt,
Groß wie das Schneefeld.

Schneit es, sehn' ich mich
Nach fliegenden Kirschblüten –
Als schneite es.

Verwandelt ihr, Schneeflocken,
In den Tagmond die Sonne,
Weil sie mich blendet?

Nur der Schatten des
Schimmels ist sichtbar im Schnee –
Einsamer Rappe.

Neben dem Schimmel
Sein Schatten im Schnee –
Einsamer Rappe.

Über Deinen schwarzen
Brauen, Geliebte,
Plötzlich zwei weiße aus Schnee.

Den Duft der Sterne
Haben an deine Wimpern
Schneeflocken geweht.

Taut Schnee in deinen Träumen?
Über und über deine Wimpern
Voll Tropfen.

Hat Deine Tränen
Als Schneeflocken Wind verweht? –
Alles ist verschneit.

Willst Du nicht atmen,
Schneemann, wenn ich dir
Meinen Atem einhauche?

Der Mund des Schneemanns –
Ach, er schmilzt, hauche ich ihm
Meinen Atem ein!

Der Schneemann weint sich
Seine Augen aus –
Nun liegen sie schwarz im Schnee.

Stahl ihm einer die Augen,
Augen aus Kohlen? –
Nun ist er blind, der Schneemann.

Wo der Schneemann stand,
In einer Wasserlache
Zwei schwarze Kohlen.

Vom Schneemann blieben
Nur Tränen zurück
In der Märzsonne.

In der Märzsonne
Trocknen die Schneemannstränen –
Gras richtet sich auf.

Gras richtet sich auf –
Nichts mehr, was gesehen ward
Mit Schneemannsaugen.

Christoph Mangold
* 1939

Schneemänner

Der Schnee ist kalt.
In den Schneehütten ist es warm,
so warm,
dass Schneemänner schmelzen.

Rudolf Langer
1923–2007

Schneereicher Mann

Schneereicher Mann am Morgen.
Viel hat der Himmel getan
in der letzten Nacht. Ein Regen
hätte sich verlaufen, der Schnee
aber bleibt eine Last
für das Haus und den Mann.

Sitzen die Frauen nur trocken,
schaufelt der Alte den Hof frei,
wo Neuschnee ihn bald wieder füllt
ohne zu sagen
wozu das weiße Geschäft?
Bei dampfendem Atem kämpft
das Herz hier allein.

Schneereicher Mann am Morgen.
Verlorene Mühen am Abend,
wenn es tagsüber taut.
In seine Träume fällt Schnee,
jemand drückt ihm die Schaufel
in die knotige Hand.

Anton G. Leitner
* 1961

Schnee, Mann

Das Erleben von heute
Ist die Erinnerung

Von morgen. Morgen
Fällt Schnee. Über

Morgen schmilzt
Er. In ihren

Armen.

Ilse Aichinger
* 1921

Schneeleute

Ich mische mich nicht leicht
unter die Fremden aus Schnee
mit Kohlen, Rüben, Hölzern,
ich rühre sie nicht an,
solang sie heiter prangen,
manche mit mehr Gesichtern
als mit einem.
Wenn dann die Kohlen
und die Rüben fallen,
Knöpfe, Knopfleisten,
die roten Lippenbänder,
seh ich es steif mit an
und ohne Laut,
ich eile nicht zu Hilfe.
Vielleicht sprechen sie
das Mailändische
schöner als ich,
es soll nicht ans Licht kommen.

Und darum Stille,
bis dieses Licht sie leicht
genommen hat
mit allem, was sich da
zwischen mailändisch
und mailändisch verbirgt,
dann auch mit mir.

Günter Bruno Fuchs
1928–1977

Nationalhymne des
eingeschneiten deutschen Kleinstädters

I weiß,
so sauber
wie der saubre
Schnee
vor meiner Tir gefegt,
so sauber kann
der Schnee
in einem
annern
Land
nit fegen
und nit saubrer
syn.

V

Augenblicke wie Schnee

Peter Härtling
* 1933

Schneegedichte

1

Nichts, was erstarren kann:
Heiß unterm Schnee
die Sommerschritte
und die Linien des Vogelgesangs.
Unmerklich häutet sich
die Erde.
Erst, wenn im April
auf dem See das Eis
reißt
und im Donner
durchsichtig wird,
kehrt die Erinnerung zurück.

2

Ich rede mir Bläue ein
und atme sie aus.
Die Berge stürzen
hinter den Horizont.
Es könnte sein,
das Meer steigt hoch
und schwemmt meine Kinderjahre an:
Buchstaben im Schnee,
der Abdruck einer Frauenhand
und eine Mütze,
sehr klein und hart
vom Frost.

3

Immer schneit es,
wenn Krieg ist.
Soldaten schwimmen unterm
Eis,
das Gesicht zum Grund.
Eine Stimme ruft
und will mich
ersticken.
Wer kann fliehn vor wem?
Wen frißt die Lawine?
Im Schnee wirst du
schlafen
bis zum nächsten Krieg.

4

Ich sehe ihn, den Hut,
den Hut im Schnee,
und weiß, wie er lag,
ein Dichter, mein Dichter,
endlich nach allem Schlaf
und
unter den Wörtern,
die schneien –
dieses eine Bild
in meinem Wintergedächtnis:
wie Glück friert.

5

Schneeweißchen,
eingefroren in ihr Märchen
hinter
den sieben Spiegeln.
Wenn es taut,
lange
nach meiner Zeit,
kehrt es zurück
als Ophelia.

Walter Richter-Ruhland
1910–1975

Augenblicke wie Schnee

Augenblicke wie Schnee
auf entfernten Gipfeln,
wie der steil
abfallende Schrei
eines Raubvogels …
     Wenig
bleibt in der Erinnerung
haften –
   Heimat ein Ort
ohne Namen, der dunkle
Fleck am Rande
der Iris, kein Vater-, kein
Mutterland …
     Wenig
bleibt in der Erinnerung
haften –
   Augenblicke
wie Schnee,
    echolos,
    weiß,

eine Baumgruppe in ebener
Landschaft, der steil
abfallende Schrei
eines Raubvogels …

Helmut Krausser
* 1964

der schneesturm tobt seit mittag

der schneesturm tobt seit mittag.
glück, dass eine Decke
auf der rückbank lag,

sieben stunden stecke
ich hier fest, allein
am straßenrand, kein netz

vorhanden, pampa, jetzt
ist mitternacht und mein
benzin fast alle, zweimal

noch – vielleicht – werd ich
den motor starten können,
in düsternis und schneefall,

fast mild und feierlich
gestimmt, mir wärme gönnen.
ich habe zigaretten,

einen stift – papier
ist leider keines hier,
muß mich ins dunkel betten.

so wenig hatt ich nie.
kein tropfen alkohol.
es schneit und, ach,

musik – wär toll.
doch auch die batterie
ist schon sehr schwach.

Clemens Eich
1954–1998

Te deum

Der Schnee hat
seinen Namen
verloren,
sein Gesicht,
seine Geduld.

Wulf Kirsten
* 1934

winter

maulfaul hocken die häuser
in zugeknöpften kapuzen
vor ihrem eignen schatten,
der violett zu abend geht.
auf unwirtlichen flächen
wildert der frost,
schlägt sich ins holz, ins fleisch.
eingeschworen auf der weißnäher gleißendes weiß,
tagt der notorische krähenkongreß.
ein schneepflug kursiert,
sachlich schiebt er beiseite
des winters sentimentale schönfärberein.

Wolfgang Bächler
1925–2007

Schnee

Da sind nur Winterschneisen und die Hieroglyphen
der schwarzen Äste vor der Wolkenwand des Himmels,
nackt wie dein Denken diesen Nachmittag,
die Schrift der Wildspur und der Vogelkrallen.

Du trittst in ihre ungelösten Rätsel ein,
durchkreuzt die Linien, störst die Kreise,
ziehst Tangenten, einen plumpen Strich
durch deine Leere, die sich vor dir dehnt,
versuchst die Bilder zu addieren.
Doch sie verweigern dir die Summe,
bleiben isoliert wie du
in diesem weißen Raum.

Du spielst mit einem Zapfen
abgebrochnen Eises, mit dem Schorf
vernarbter Wunden, ballst den Schnee
ohnmächtig in der Faust zu harten Kugeln
und läßt ihn schmelzen, um dir zu beweisen,
daß du noch etwas Wärme in dir hast.

Richard Dehmel
1863–1920

Schneeflocken

Gnädige Frau, es schneit, es schneit!
Tragen Sie heut Ihr weißes Kleid?

Gnädige Frau, hier in der Ferne
schneit's bei hellichtem Tage Sterne.

Und diese Sterne flimmern genau
wie die Zähne der gnädigen Frau.

Oder wie Blüten von weißem Flieder,
gnädige Frau, an dero Mieder.

Oder die Blicke des Herrn Gemahls
am Tage Ihres Hochzeitsballs.

Nein, sie flimmern, ich kann mir nit helfen,
gnädige Frau, wie tanzende Elfen.

Hänseln jeglichen Parapluie;
will man sie fassen, zerflimmern sie.

Flimmern in Wirbeln, flimmern in Bildern,
die sind wirklich nit zu schildern.

Gnädige Frau, so wild, so mild
wie ein opalisch flimmerndes Bild.

Und, ach Gnädigste, diese Sterne
tanzen auf mancher Manns Nase gerne.

Und auf solcher Manns Nase, gnädige Frau,
zertanzen sie zu Tränentau.

Zertanzen sie wie kichernde Lieder:
morgen, morgen tanzen wir wieder!

Gnädige Frau, leb wohl! Schluss, Kuss!
Frechheit – aber wer muss, der muss.

Gregor Laschen
* 1941

Plötzlich wieder Storchenfüße

Plötzlich wieder Storchenfüße
im Schnee, Schnee seit Jahren wieder, wieder
Wahrnehmungszeit, Zeit
für Spuren, Ränder, Zirkus, Wirkliches:
am Rande der Wirklichkeit der Republik unsere
verwahrlosten Körper, blau
vor Anstrengung um Veränderungen, rundgeredete
Kopfschollen auf dem Glatteis geschliffen
für eine Zeit irgendwie ohne uns, nachher,
und nachher ist eine kugelgroße Nachrede
auf eine Verzweiflung, Nervenstörung, Hoffnung.
Nachrede auf die Selbstvergessenheit, die
wir über Jahre nicht wahrgenommen
haben trotz pfeifendem Kreislauf, vor lauter
Begrifflichkeit des Widerstands
in uns. O ihr Störche, Fremde
im Schnee!

Hans-Ulrich Treichel
* 1952

Drei Lieder über den Schnee

I.

Schnee, den ich loben will,
der die Bäume in weiße Wolken
verwandelt, den du sammelst
wie Silber auf deinen Schultern,
der die Spuren vor unseren Türen
verwischt, Schnee, der sich
opfert für dich und für mich.

II.

Es ist ein Schnee gefallen
Geliebter dein Mund ist so kalt
Wenn wir beieinanderliegen
Ich weiß: wir vergehen bald

Geliebter dein Bett ist aus Eisen
Der Himmel so hoch und so leer
Es ist ein Schnee gefallen:
Ich wünschte es fiele noch mehr

III.

Als die Erde verlassen war
von unseren Schritten und nur
noch Schnee fiel auf Schnee
als die Erde verlassen war
von unseren Worten und nur noch
Wind ging mit Wind als die
Erde verlassen war von unseren
Wünschen fiel auch kein Schnee
mehr ging auch kein Wind

Conrad Ferdinand Meyer
1825–1898

Firnelicht

Wie pocht' das Herz mir in der Brust
Trotz meiner jungen Wanderlust,
Wann, heimgewendet, ich erschaut'
Die Schneegebirge, süß umblaut,
    Das große stille Leuchten!

Ich atmet' eilig, wie auf Raub,
Der Märkte Dunst, der Städte Staub.
Ich sah den Kampf. Was sagest du,
Mein reines Firnelicht, dazu,
    Du großes stilles Leuchten?

Nie prahlt' ich mit der Heimat noch
Und liebe sie von Herzen doch,
In meinem Wesen und Gedicht
Allüberall ist Firnelicht,
    Das große stille Leuchten.

Was kann ich für die Heimat tun,
Bevor ich geh im Grabe ruhn?
Was geb ich, das dem Tod entflieht?
Vielleicht ein Wort, vielleicht ein Lied,
    Ein kleines stilles Leuchten!

Albin Zollinger
1895–1941

Schneedunkel

Kindheitsdinge duften aus dem Schnee.
Unaussprechlich wird dem Herzen weh.
Nachtete der Abend flaumig zu
Stapft ich noch in meinem nassen Schuh,
Klingelte es pelzvermummt vorbei,
Sank vom Turm der dunkle Vogelschrei.
Immer roch es irgendwo nach Feuer,
Süß nach Milch und Heu und Holz und Scheuer.
Schneit es leise mit Konfetti ein,
Narrenfrühling, ferner Veilchenschein?
Aller Tannenwald war lauschend nah,
Kuckucksuhr und Försterpfeife da.
Alte, bange Nebel Traumes schlichen.
Wunderlich ist mir die Welt entwichen!
Langverwehte Spur im Abendschnee,
Die ich ging und weiter geh und geh,
Manchmal ist mir, alles irrt im Kreis,
Plötzlich wird es wieder weiß und leis.
Wie der Ort, wo die Planeten enden,
Fremde Höhe, da die Sterne länden.

Abertausend Jahre liegt das Stück
Tiefverschneiten Dämmerwegs zurück.
Sternenhöhe, Menschendämmergang,
Ufern unbegriffner Nacht entlang:
Tödlich will das Grauen uns umringen,
Tröste uns mit deinen leisen Dingen.
Wenn es mütterlich im Stalle ruht:
Unaussprechlich wird dem Herzen gut!

VI

Verschneiter Frühling

Georg Britting
1891–1964

Verschneiter Frühling

Man sagts, ich sah es selber oft,
Der Wald im März sei grün, grün jeder Baum!
Da steh ich nun, betäubt und unverhofft,
Vorm weißen Wald am weißen Ackersaum.

Und nichts ist grün! Der krumme Vogel dort
Am schiefgesunknen, überschneiten Zaun
Ist schwarz, nicht grün, und krächzt, und fliegt dann
                                    fort –
Und nun ist nur ein großes Weißes mehr zu schaun.

Der Himmel zwar will farbig sein. Sein Blau
Wird aufgeschluckt vom ungeheuren Weiß.
Drum flog der Vogel fort, so schwarz wie schlau,
Der vielerfahrne, flügelschnelle Greis,

Drum flog er weg, ins Dorf, zu Tor und Mauern,
Wo Bauern schaun auf die verschneiten Wiesen:
Sein Rabenfederschwarz, es könnte dort nicht dauern,
Wo Himmel, Wald und Feld in eins, in Weiß, verfließen.

Er müßte, weiß vor Scham, in den gefrornen Furchen
kauern,
Und dem verlornen Schwarz, ein weißes, wunderliches
Wintervieh, nachtrauern.

Joseph von Eichendorff
1788–1857

Winterlied

Mir träumt', ich ruhte wieder
Vor meines Vaters Haus
Und schaute fröhlich nieder
In's alte Tal hinaus,
Die Luft mit lindem Spielen
Ging durch das Frühlingslaub,
Und Blüten-Flocken fielen
Mir über Brust und Haupt.

Als ich erwacht, da schimmert
Der Mond vom Waldesrand,
Im falben Scheine flimmert
Um mich ein fremdes Land,
Und wie ich ringsher sehe:
Die Flocken waren Eis,
Die Gegend war vom Schneee,
Mein Haar vom Alter weiß.

Theodor Kramer
1897–1958

Schnee im März

Scharf hat sich um die halbe Nacht
ein Wind im Garten aufgemacht;
nun ist es still, im frühen Licht
fällt körnig auf das Land und dicht
ein kalter Schnee im März.

Umkrustet fallen Stamm und Ast
dem weißen Schein anheim; der Bast,
der um die Knollen zart gedrängt
schon steht, verzieht sich schwarz versengt
vorm kalten Schnee im März.

Die Scholle schließt in hartem Ring
sich um den blassen Engerling;
der Maulwurf, der der Brut nachkroch,
verendet vorm verglasten Loch
im kalten Schnee im März.

Die Wintersaat steht weit und breit,
gestreift von Brachem, seicht verschneit;
aus Grund und Rinde, Bast und Strauch
steigt schwach und schwebt ein herber Rauch
fahl überm Schnee im März.

Georg Britting
1891–1964

Märzschnee

Der duftende Schnee,
Märzschnee,
Er ist wie
Frisch gewaschenes Linnen,
Und wie Mädchenbrüste,
Die sich zieren in ihrer Blöße,
Sind die Maulwurfshügel
Im Feld.

Weithin der Glanz,
Wie porzellanen,
Weiß und zerbrechlich,
Dünnwandig
Wie kostbars Geschirr –
Aber die Schatten
Sind bläulich
Des Wegrands im Mondlicht.

Wilhelm Müller
1794–1827

Märzschnee

   Schnee im Märzen,
   Schmerz im Herzen,
Er zergeht am Sonnenstrahl,
Mag die blaue Luft ihn schicken,
Mag er auch aus blauen Blicken
Fallen in die Brust herein.
   Schnee im Märzen,
   Schmerz im Herzen,
Er zergeht am Sonnenstrahl.

Ulla Hahn
* 1946

Schneefall im März

Schnee fällt im März die Weiden
rollen die Kätzchen ein braunes Gras
duckt sich im Wind
läuten Schneeglöckchen Sturm

Alle Knospen schlagen zurück
in die Zweige die Bäume legen
die Äste an in den Vorgärten
zucken die Sträucher zusammen

Kein Mensch in Sicht.

Marie Luise Kaschnitz
1901–1974

Märzschnee in München

Die Kinder spielen unschuldig mit Karten und Scheinen
Das Börsenspiel. Kaufen Aktien Obligationen
Verkaufen gewinnen verlieren
Oder Monopoly
Bei dem man mit Grundstücken handelt
Auf Grundstücke Häuser stellt
Gewinnt verliert

An der Wand hängt mit Klebstreifen eingefaßt
Das Manifest
Durch Fettdruck und Dünndruck wird etwas sichtbar
                              gemacht.
Ein Kopf mit Haar und Bart und tiefen Augenhöhlen
Ein Patriarchenhaupt

Vom Plattenspieler kommt Musik aus Neuengland
Eine sanfte Tonmalerei
Mit Kirchenglocken Militärmarsch Tanz
Der ausgegrabene Charles Yves
Als er lebte kannte ihn keiner

Kalt kalter März
Und Schneestürme alle Tage
Auch im hinteren Englischen Garten
Dem abgelegenen Teil
Wo Knaben auf roten Tonnen
Laufen die roten Tonnen
Mit ihren Füßen in Bewegung halten
Während der Eisregen ihnen die Wangen zersticht

Am letzten Tag der Fasnacht
Geraten zwei Kinder in Brand
In ihren Nylonkostümen. Eines umarmt ein Mann
Drückt sich sein Feuer ans Herz
Das ist gerettet aber das andere
Die kleine Fackel rennt und schreit noch immer

Die Fürsten in Bayern
Haben von jeher gejagt
In ihren eleganten Schlössern sieh
Die Schränke voll Gewehre

Amalienburg
In Blau und Silber roch vielleicht entsetzlich
Nach nassem Hundefell und warmem Tierblut

Und war der chinesische Turm
Nicht einmal mit Glöckchen behängt
Und tanzten wir nicht
Im eiergelben Chalet unter gläsernen Kugeln?
Nicht wir

Semjon Semjonowitsch Podsekalnikow
Mit Papierschlangen bunten behängt
Fragt beim Bankett nach der Zeit
Und ist nicht mehr derselbe
Steingesicht
Noch dreißig Minuten. Tick Tack

Die Enten am Ufer des Hesseloher Sees
Um die Futterstelle gedrängt nehmen fremde Gestalt an
Man sieht ihre langen Beine ihre kräftigen Füße

Und unter ihnen den kleinen dunklen Schwan
Seinen Flügelschlag
Hinauf zu den schwärzlichen Wolken
Weil der Schnee an den Fenstern des Marstalls so rasch
                                    hintreibt

Denk ich wir fahren
Hinaus in den endlosen schönen Perlacher Forst
Und auf die Berge zu
Schnell immer schneller
Zwar die acht mausgrauen Pferde vor meinen Schlitten
                                    gespannt

Rühren sich nicht. Ihre Hufe sind festgeleimt
Kein Atemzug
Bläht ihre Nüstern

Was geht's mich an
Und meinen weißen Flug.

Jürgen Becker
* 1932

Gedicht über Schnee im April

April-Schnee; schnell; noch einmal
ist fünfzehn Minuten
Winter und völliges Verschwinden
der Krokus-Gebiete
                    und
fünfzehn Minuten, in Zukunft,
sagt Warhol, ist Ruhm. Schnell,
ein Gedicht über Schnee im April,
denn schnell ist weg
Stimmung und Schnee
                    und plötzlich,
metaphorisch gesagt,
ist Schnee-Herrschaft verschwunden
im Krokusgebiet
und die Regierung des Frühlings regiert.
Nun Frühlings-Gedicht.
Und schnell. Winter ist morgen, wieder,
und neue Herrschaft,
                    nein,

nicht morgen: in fünfzehn Minuten,
mit Schnee, wie schnelles Leben,
sagt Warhol, metaphorisch gesagt,
wie Schnee, Verschwinden, April.

Karl Mickel
1935–2000

Maischnee

Sie sagte nichts, als ich ihr offen sagte:
Es hängt von mir ab, wann ich wieder geh
Ihr damit sagend, anstatt daß ich klagte
Wie gern ich sie besäh von Kopf bis Zeh.

Der Regen wärmte, als wir raschen Schrittes
Uns suchten einen Ort, daß dies gescheh.
Da sagte sie: Nur dieses und kein Drittes
Bis morgen, oder bis zum ersten Schnee.

Sie lag im weißen Laken und sie litt es.
Erst nach der ersten Frühe sprach sie: Ach
Ich bin ein Haus mit siebenfachem Dach.
Dann sahen wir: Es schneite.
                              Sie bestritt es.

Ich merkte wohl: Es ist mit ihr was Bittres
Und war zum Gehen wiederum zu schwach.

Wulf Kirsten
* 1934

junischnee

im schneetreiben
hinter dem bergdorf
ausgebrochen eine murmeltierherde
aus dem unterirdischen winterschlaf,
handzahm vor hunger. unser pfad
mündet hoch oben in der vorratskammer
des winters. hinter den zacken
verbirgt sich Maloja,
schon zu fassen
das kreuz im sattel. als ob es
uns äffte, rückt es mit jedem schritt
weiter hinauf. immer tiefer
zieht uns der schnee in sich hinein.

schritt vor schritt in den stapfen
wortlos wieder hinunter auf leisen
sohlen mit übervorsicht jetzt
nur heraus aus dem schneefeld, trügerisch
fest und weiß, die füße in zeitlupe
nach vorn steilab gesetzt. nur
keinen lärm gemacht, nicht husten.

war nicht zu lesen, unten im ort,
aufstieg verboten im winter?

am quellarm des hintersten Rheins
murmeltier-getümmel hinter jedem stein.
der weiler ist mit schwarzen quadern
aus holz gewettet, die giebel verstrickt
mit riegelspan, schafsmist geziegelt
zum brennen, die bergflanken allseits
schmählich verkarstet. acht monate
regiert der winter in Juf, kein frühjahr,
kein herbst fällt ein zwischendurch.

arktisches Andorra sommertags
im blütenweißen schneegestöber.
das postauto fährt in eine andere welt.

Robert Gernhardt
1937–2006

Besserwisser-Blues

Leise rieselt der Schnee
Und das mitten im August
– Sind Robinienblüten, der Herr!
Ist mir wohl bewußt

Suchte den schönen Vergleich
Sagte statt »Blüten« »Schnee«
– Sind aber Blüten viel schöner, der Herr!
Dann ändern wir eben den Dreh:

Leise rieseln die Blüten
Und das mitten im Januar
– Am Jahresbeginn fällt Schnee, der Herr!
Ist auch mir durchaus klar

Wollte die Gleichsetzung retten:
Bruder Schnee – Blüte Schwester
– Schnee ist nicht gleich Blüte, der Herr!
Bin ja schon still, mein Bester.

VII

Und Schnee steigt auf

Heinrich Detering
* 1959

Schneekugeln

schüttle die Welt im Glas
stell Salzburg auf den Kopf
sieh den gewaltigen Strudel

in deiner Hand den Schneesturm das
Treiben der Flocken: das Ende
der Schwerkraft im Wasser zwischen den Vesten –

welch herrliche Katastrophe
langsam, folgenlos, einfach
und jedesmal ohne Geräusch

Gregor Laschen
* 1941

Der alte Schnee

Der alte Schnee hat sich
eine kopfgroße Fluchtburg zum Überwintern
gesucht. Von hier aus sieht er dem Sterben zu,
draußen.

Yvan Goll
1891–1950

Schneemorgen

Der Schnee, der zu Morgen die Stadt befiel, war wie eine
    schauernde Erinnerung der vergangnen Nacht:
Goldene Sternpailletten, bunte Karnevalsbänder,
    rote Liebesblumen: erblaßt war all die Pracht.
Aber die Stadt lag da wie ein geschliffener Diamant;
    das siebenfarbige Licht brach sich von allen Flächen los.
Die Plätze schüttelten die schattengrünen Dominos.
Die Straßen, orangehell unter den triefenden Laternen,
    krümmten sich wie trockene Schalen.
Steinrunzlige Kirchen funkelten im Purpur der
    Morgenstrahlen.
Blaue Vergißmeinnicht blühten in erwachenden
    Fenstern auf.
Die Reiterstatue trug Schneesilber auf Pallasch Mantel
    und Knauf.

Die ersten Menschen, die das sahen, glaubten in ein
    gläsernes Paradies zu treten.
Schnee schluchzte in die Stadt wie ein stummes Seufzen,
    ein inneres Beten.
Es stäubte inniges, sinniges Leid
Über die harte Wesenheit.
Wie schmerzliches Lächeln, wie eine geschminkte
    Pierrotmaske lag der Schnee,
Wie ein trostlos trauriges Weh,
Ein müder Schnee,
Ein gütiger Schnee.
Ein grüblerisches Sinnen und Spinnen:
Gedanken über ein Totenlinnen.

Rolf Dieter Brinkmann
1940–1975

Schnee

Schnee: wer
dieses Wort zu Ende
denken könnte
bis dahin
wo es sich auflöst
und wieder zu Wasser wird

das die Wege aufweicht
und den Himmel in
einer schwarzen

blanken Pfütze
spiegelt, als wär er
aus nichtrostendem Stahl

und bliebe
unverändert blau.

Rose Ausländer
1901–1988

Schneeschmelze

Schnee
Mit Augen die zwinkern:
ich hab Juwelen versteckt
lockt er die Schatzgier

Du stehst vor dem Tor
– geschlossenes Weiß –
und schmeichelst
öffne dich Sesam

Ein Spalt
goldener Speer
schlägt eine Bresche
ins Weiß
Lücke um Lücke

Smaragd und Rubin
geschmolzen
in Pfützen der Schmuck

Im schmutzigen Spiegel
kämmt Sonne
ihr Haar

Dorothea Grünzweig
* 1952

Mein Schneevertrauen

MEIN SCHNEEVERTRAUEN unversehrt
ich leg
komm ich zurück von
Frühjahrsdrängeleien
in Schwabenbreiten
dem Schnee mein Sinnundalles
bis halb ins Jahr hinein
in seine Hände
gebe mein Winterjawort
schließ den Mund und
spür die Flockenstiche

Mein Mund der zugenähte
ruht in sich
ein Raum der Stille
und alle Worte warm und
schlafbegierig kriechen
von Ausflugspflicht befreit
tiefer hinein in mich
lebe leisleise daß ich sie
bloß nicht wecke

Aus ihrem Schlaf entstehn
die Winterträume wie ein Gebirg
gezackt vor schwindelndem Erkennen
vor ungetrübtem Schmerz mit
einem Zeitumfang bar aller Grenzen

Dort trag ich Pelz
und gras vor Fichtenwäldern
plaudre mit frühverschollnem
plötzlich hereingeschneitem Mensch und Tier
und steige Leitern auf und ab
zu Höhen Höhlen

Mein Umland hell bis
zur Unkenntlichkeit
wochaus wochein das Jawort
bräutlich frisch ich streune
der See sein Weißgefieder
lädt mich ein
sein Eisgesinge und wenn ich
auf ihn springe flattert er

hoch so daß
vor Glück vergeh ich
fürcht den Horizont
die andere Jahreszeit

mein Schnee
mein Schnee

Robert Walser
1878–1956

Der Schnee

Der Schnee fällt nicht hinauf
sondern nimmt seinen Lauf
hinab und bleibt hier liegen,
noch nie ist er gestiegen.

Er ist in jeder Weise
in seinem Wesen leise,
von Lautheit nicht die kleinste Spur.
Glichest doch du ihm nur.

Das Ruhen und das Warten
sind seiner üb'raus zarten
Eigenheit eigen,
er lebt im Sichhinunterneigen.

Nie kehrt er dorthin je zurück,
von wo er niederfiel,
er geht nicht, hat kein Ziel,
das Stillsein ist sein Glück.

Horst Dieter Sihler
* 1938

und schnee steigt auf

etwas entsteht
und etwas vergeht

und sterne fallen
aus sternenwolken
in die zeit

ich bin
das schwarze loch
das mich verschlingt
die singularität
an meinem eigenen
ereignishorizont
wo ich das licht
das du einst warst für mich
gefangen halte

ich bin
die schneeflocke
die keiner andern gleicht
so kalt
und einzigartig
und unermüdlich auf der suche
nach der gleichen andern
schwerelos schwebend
bevor sie schmilzt
wie alle andern

und schnee steigt auf
im sommer
und blüht
wie eine weiße blume
die verwelkt
und wintersamen streut
für eine gute saat

Sabine Schiffner
* 1965

kryologie

(die lehre vom schnee)

von wilson a. bentley aus montana
wird berichtet er habe wenn er nicht
eben klarinette spielte die kamera
zur hand genommen und sei mit ihr
raus aus dem haus und in den schnee getreten und
habe zärtlich flock' um flocke aufgefangen
und vor die linse komplimentiert wo er sie
dokumentierte bevor sie wieder wurden was sie vorher
waren nämlich ein tropfen halb gefrornes wasser mit
einer gänsefeder hingewischt sie stellten sich
als stern mit viel verschiednen enden dar
oder dendritengruppen mit diversen
plättchen oder als strahlenförmige
gebilde mit abgebrochnem arm
mit reif als säule als pokal und nicht zuletzt als pyramide
unendlich kristalline formen

wilson a. bentley hieß bei seinen
nachbarn snowflake sie
lachten hinter seinem rücken über ihn jedoch sie
                                    brauchten
ihn und seine klarinette für die konzerte
in der kirche sie hielten
es für lächerlich das festzuhalten was
sofort wieder vergeht und dass er sich
so sehr gezwungen sah es festzuhalten
machte ihn fremd
sie wussten nicht dass er die flocken
nicht nur sah sondern auch hörte
wie die musik die seine klarinette
spielt

Erich Kästner
1899–1974

Nennt sich das Winter?

Dass man den Winter so sehr suchen muss …
Ich bin seit gestern dauernd umgestiegen.
Und sah vom Zug aus Stadt und Dorf und Fluss,
nur keinen Schnee (den ich doch suchte) liegen.

Im Speisewagen gab es Rindsfilet.
Mit Fasern, die sich in die Zähne klemmten.
Der Zug fuhr schnell. Und nirgends gab es Schnee.
Bei Ulm noch nicht. Und nicht einmal bei Kempten.

Der Himmel war im allgemeinen klar.
Doch der Kalender war sich nicht im klaren.
Der Zug fuhr schnell, weil es ein Schnellzug war.
Wie lange sollte ich denn noch so fahren?

Der Wald trug Rauhreif wie aus weißem Filz
und wirkte fast wie großer bleicher Ginster.
Der Wald bekam das Aussehn eines Bilds.
Die Sterne zwinkerten. Es wurde finster.

Der Zug kroch höher. Näher kroch das Ziel.
Dicht hinter Immenstadt lag etwas Weißes.
Das war tatsächlich Schnee. Wenn auch nicht viel.
Und nun begann die »Region des Eises«.

Ich schrie beim Anblick jedes weißen Flecks.
Ich zählte Schnee! Das machte große Mühe.
Mitunter war es bloß ein kleiner Klecks,
wie das Ergebnis weißgefärbter Kühe.

Heut Morgen traf ich nun im Allgäu ein.
Die Welt ist grün. Der Schnee liegt in Portionen,
als sei er vom Verschönerungsverein
für die herangerollt, die nun hier wohnen.

Was nützt mir jetzt mein Wunsch nach Eis und Schnee?
Ich wollte kindisch durch die Wälder traben.
Hier gibt's nur Maskenball und Fünfuhrtee!
Das war zu Hause billiger zu haben.

Zu dieser Ausgabe

Mit dem Schnee ist das so eine Sache. Den einen ist er den ganzen Winter über grundsätzlich ein Gräuel, während die anderen ihn schon im November sehnlichst herbeiwünschen. Die einen – zum Beispiel Autofahrer oder deutsche Hausmeister – reagieren bereits auf geringe Mengen mit Panik und Räumwut, während es für andere – etwa Ski- oder Schlittenfahrer – gar nicht genug davon geben kann. Anders als seinem Kollegen, dem Regen – wenn er nicht gerade tagelang ohne Unterbrechung fällt –, begegnet man dem Schnee also in den seltensten Fällen mit Gleichgültigkeit oder ignorierender Gelassenheit. Bedrohung oder Beglückung, am Schnee leiden oder sich daran ergötzen – dazwischen scheint es nicht allzu viel zu geben.

Zur Gruppe der Schneefreunde gehören, neben den Kindern, unzweifelhaft auch die Schriftsteller. »Schnee ist/ein bleibendes Motiv«, heißt es einmal bei dem Kölner Lyriker Jürgen Becker. Das gilt nicht nur für das Werk dieses Autors, sondern für die lyrische Zunft ganz allgemein. Spätestens seit dem 19., vor allem aber seit dem 20. Jahrhundert ist das Weiß des Himmels ein Motiv, das bei erstaunlich vielen Dichtern in immer wieder neuen Variationen und Zusammenhängen aufscheint und ein vielfältiges Geflecht von Bedeutungen ausbildet. Man könnte durchaus sagen: Der Schnee gehört zum sinnbildlichen Kernbestand der modernen Lyrik.

Unschuld und Freude, Frieden und Stille, Neuanfang und Erlösung, Leuchten und Flimmern, aber auch Kälte und Verhüllen, Tod und Erstarren – das sind nur einige der Assoziationen, die sich beim Gedanken an Schnee aufdrängen und die sich in den unterschiedlichsten Spielarten und Ausgestaltungen auch in den hier versammelten Gedichten finden. Das Spektrum reicht von fast kindlicher Freude über jede Flocke, wie bei F. W. Bernstein und Dorothea Grünzweig, über fast träumerische Betrachtungen des Schneefalls (Cyrus Atabay, Peter Gan) bis zu elegischen Versen über den »Winter« des Lebens, beispielsweise von Peter Huchel und Yvan Goll. Der Wintersport kommt ebenso zur Sprache (Erich Kästner) wie das schneebedingte Verkehrschaos auf deutschen Autobahnen, das Helmut Krausser zum Thema macht. Und auch mit dem Alkohol scheint sich die weiche, weiße Pracht ganz gut zu vertragen, wie bei Thomas Rosenlöcher und Günter Bruno Fuchs. Ein eigenes Kapitel ist der Untergattung des Schneemanngedichts vorbehalten, die sich als auffallend produktiv erweist. Gleichermaßen faszinierend scheint der Schnee zu sein, der am Ende des Winters und außerhalb der ihm vorbehaltenen Jahreszeit fällt: Von März bis August (!) reicht das Spektrum in dem Kapitel »Verschneiter Frühling«, und von hier sind es nur noch ein paar Monate, bis sich der Kreis wieder schließt und »Erster Schnee« das Poetenblut in Wallung bringt. Wobei im Gedicht noch nicht einmal sicher ist, ob er fällt oder aufsteigt (Robert Walser, Horst Dieter Sihler). Und immer wieder stößt man auf das Weiß des Schnees als Sinnbild für die Tätigkeit des Schreibens: das leere weiße Blatt, auf das der Dichter seine Spuren setzt.

Diese Auswahl erhebt nicht den Anspruch, repräsentativ zu sein. Vielmehr geht es um die (subjektiv empfundene) »Schönheit« der Gedichte und vor allem auch darum, dass sie über die geläufigen Wahrnehmungsmuster in Sachen Schnee hinausgehen. Nicht Entwicklungen oder Tendenzen sollen sichtbar werden, sondern die wunderbare Vielfalt und Produktivität dieses Motivs in der deutschsprachigen Lyrik. Bei manchen Autoren, etwa Georg Britting, Erika Burkart oder Dorothea Grünzweig, geht das sogar so weit, dass sich mühelos eigene Auswahlbände allein mit Schneegedichten zusammenstellen ließen.

»Der Schnee ist eine erlogene Reinlichkeit«, lässt uns Johann Wolfgang von Goethe wissen, der – aus welchen Gründen auch immer – offenbar kein großer Freund des Flockenwirbels war. Oder positiver formuliert: »Schnee, reiner und unschuldiger Schnee, leer wie ein unbeschriebenes Blatt, existiert, glaube ich, nur in der Literatur.« Das sagt Lars Gustafsson. Der ist Schwede und müsste in Sachen Schnee also Bescheid wissen. Insbesondere besitzt die Literatur den großen Vorzug, dass sie der vergänglichen Schönheit der weißen Pracht mit Worten Dauerhaftigkeit verleihen kann. Was in der Wirklichkeit nicht zuletzt der Städte oft schon nach kurzem wieder zerronnen ist, bewahrt die Schrift, wenn schon nicht für die

Ewigkeit, so doch zumindest ein Leserleben lang. Vielleicht muss sie uns in einigen Jahrzehnten sogar daran erinnern, dass es überhaupt einmal so etwas gab wie »des Winters Herrscherkleid«, von dem Adelbert von Chamisso spricht, oder – anders betrachtet – »des winters sentimentale schönfärberein« (Wulf Kirsten). Eines aber haben Natur und Dichtung dann doch wieder gemeinsam. So wie jede Schneeflocke ein Unikat ist, weil jedes Kristall beim »Niederflocken« andere Temperaturen und Luftdruckverhältnisse durchlaufen hat, so ist auch jedes Gedicht über den Schnee ein singuläres Gebilde: Es wirft einen ganz eigenen, unverwechselbaren Blick auf das, was da vom Himmel fällt. Ob nun in Wirklichkeit oder nur auf dem Papier.

Michael Frey und Andreas Wirthensohn

Quellennachweis

Ilse Aichinger (* 1921)
Schneeleute 95
In: verschenkter Rat. © S. Fischer Verlag GmbH, Frankfurt am Main
1981

Christoph Wilhelm Aigner (* 1954)
Schneewunsch 19
In: Die Berührung. © 1998 Deutsche Verlags-Anstalt, München, in der
Verlagsgruppe Random House GmbH

Cyrus Atabay (1929–1996)
Wintermärchen 36
In: Gedichte. © Insel Verlag, Frankfurt am Main 1991

Rose Ausländer (1901–1988)
Schneeschmelze 150
In: Ich höre das Herz des Oleanders. Gedichte 1977–1979. © S. Fischer
Verlag GmbH, Frankfurt am Main 1995

Wolfgang Bächler (1925–2007)
Ins Weiße blickend 63
Schnee 112
In: Ausbrechen. Gedichte aus 30 Jahren. © S. Fischer Verlag, Frankfurt
am Main 1976

Jürgen Becker (* 1932)
Gedicht über Schnee im April 137
In: Die Gedichte. © Suhrkamp Verlag, Frankfurt am Main 1995

F. W. Bernstein (* 1938)
Vorbereitungen auf den Winter 6
Der erste Schnee 23
In: Die Gedichte. © Verlag Antje Kunstmann GmbH, München 2003

Rolf Dieter Brinkmann (1940–1975)
Schnee 149
In: Standphotos. Gedichte 1962–1970. © 1980 by Rowohlt Verlag GmbH,
Reinbek bei Hamburg